AF267673

RÉUNION PUBLIQUE

TENUE A LIBOURNE, LE 2 MAI 1870

A L'OCCASION DU PLÉBISCITE

PARIS

IMPRIMERIE SCHILLER, RUE DU FAUBOURG-MONTMARTRE, 10

—

1870

RÉUNION PUBLIQUE

TENUE A LIBOURNE, LE 2 MAI 1870

A L'OCCASION DU PLÉBISCITE

Le Duc Decazes prend la parole en ces termes :

Messieurs,

Je vous remercie de m'avoir appelé au milieu de vous ; vous n'avez pas pu douter de l'empressement que je mettrais à répondre à votre invitation.

Messieurs les électeurs de Libourne :

Je vous appartiens par la reconnaissance, par un dévouement complet à ces deux grandes causes que nous ne devons jamais séparer, car leur solidarité fait leur force ; car à elles deux, *elles sont le droit* ;

La cause de la paix publique, et de l'ordre social ;

La cause de la liberté.

Vous deviez donc compter sur moi pour la défense de ces deux grands intérêts, comme je devais aussi compter sur vous ; et, c'est pourquoi, à cette heure solennelle, ma place est bien dans vos rangs ; car je n'hésite pas à le dire, et je le dis avec une profonde tristesse, cette cause que nous avons servie et défendue ensemble, elle est menacée et compromise par la ratification que l'on nous demande. Elle est menacée et compromise dans des proportions qui, je croirais pouvoir l'affirmer, n'avaient pas été prévues, n'avaient pas été comprises par ceux-là mêmes qui réclament, aujourd'hui, votre adhésion à cette œuvre conçue dans une heure de fatal aveuglement.

Permettez-moi d'entrer, pour vous le prouver, dans le cœur même de la question et d'en étudier devant vous toutes les faces. Je le ferai, vous y comptez d'avance, avec un esprit dégagé de toute aspiration mauvaise, de toute préoccupation personnelle comme de toute prévention :

Vous savez en effet, quelques-uns d'entre vous, tout au moins, savent avec quels espoirs j'avais accueilli l'entrée aux affaires des ministres dont je suis aujourd'hui condamné à combattre l'acte le plus important.

Messieurs,

Je ne suis point un révolutionnaire :

Je sais trop ce que les *révolutions et les désordres* ont

couté à la prospérité publique, à la prospérité de tous, et je ne l'ai pas oublié. .

Je ne suis pas un socialiste, vous le savez aussi. Sans doute notre civilisation n'a pas dit son dernier mot; sans doute, il est à notre organisation sociale des améliorations désirables ; la société moderne doit les rechercher sans relâche : elle les trouvera successivement. Mais, vous le reconnaîtrez avec moi, elle ne les tiendra jamais des troubles et des agitations publiques. Pour moi, je suis de ceux qui les attendent surtout de l'élévation progressive du niveau moral et intellectuel, du développement pacifique et légal des responsabilités, des initiatives individuelles et de la vie publique.

Je sais que dans le gouvernement des nations, il faut tenir compte de l'ardeur des uns, de l'impatience des autres, des mauvaises passions ou des aveuglements du petit nombre, mais l'expérience, une expérience déjà longue, m'a prouvé que la compression, la résistance érigées en système, n'avaient jamais guéri les plaies sociales; et, aujourd'hui, après une épreuve de 19 années, après 19 années de pression et de silence, j'ai bien le droit de le dire, tant de pression, tant de silence n'ont servi qu'à exagérer et à doubler le danger.

C'est pourquoi, Messieurs, je soutiens résolûment, énergiquement, absolument, avec une conviction profonde et inébranlable, cette thèse que j'ai déjà défendue :

Qu'il n'est pour la paix publique, qu'il n'est pour l'ordre social qu'une sauvegarde, qu'une garantie : LA LIBERTÉ.

J'ajoute que pour la liberté, quelle que soit la forme du gouvernement, quel que soit le nom que vous donniez à l'Exécutif, il n'est qu'un mode d'action et qu'une formule : LE GOUVERNEMENT REPRÉSENTATIF.

J'ajoute enfin, pour qu'il ne reste dans le développement de ma pensée rien d'énigmatique et d'obscur, que par gouvernement représentatif, j'entends l'action toujours libre, toujours décisive des délégations du suffrage universel, intervenant à tous les degrés de l'ordre administratif et politique ; depuis le conseil municipal jusqu'au Corps législatif.

C'est là, ce qu'en d'autres termes, j'avais eu l'honneur d'appeler devant vous : LE GOUVERNEMENT DU PAYS PAR LE PAYS.

C'est aussi ce qu'on a pu appeler : LE GOUVERNEMENT PARLEMENTAIRE ; mais ce terme est moins exact, car il ne renferme qu'un des côtés de la question.

Il me fallait, Messieurs, entrer d'abord dans ces considérations d'un ordre général, pour arriver à une appréciation raisonnée et logique des faits qui nous ont amené progressivement à la situation sur laquelle vous êtes aujourd'hui appelés à statuer.

De ce que je viens de dire vous concluerez nécessairement que j'avais accueilli avec satisfaction les réformes que nous apportait le sénatus-consulte de septembre dernier, car elles contenaient en germe sinon tout le gouvernement représentatif, du moins le gouvernement parlementaire : .

La responsabilité des ministres, le droit pour le Parlement de nommer son bureau, de créer son règlement, d'intervenir par voie d'interpellation dans toutes les questions d'ordre public, par voie d'initiative et d'amendement dans le fonctionnenement législatif; c'était là des conquêtes précieuses.

Il ne fallait qu'un pas de plus ; et dès lors il ne dépendait plus que de vous d'assurer à la France les bienfaits du gouvernement représentatif.

Il suffisait, en effet, que la liberté parlementaire fût exercée par une Chambre librement élue, et votre avenir, ct l'avenir de nos institutions, leur développement normal, était désormais entre vos mains.

Aussi, lorsque le ministère du 2 janvier, dont la composition semblait déjà une garantie, vînt promettre successivement par la voix de M. le comte Daru, par la voix de M. E. Ollivier, la loyale exécution du programme du centre gauche, l'abandon absolu du système des candidatures officielles, de ce système, dont, mieux que tous autres, nous avions connu les effets, subi les rigueurs, mesuré l'action corruptrice et énervante, nous nous sommes réjouis.

Nous avons pu croire, nous avons dû croire, que la France rendue par la liberté parlementaire, et par la liberté électorale, au libre épanouissement de ses aspirations, allait pouvoir disposer pacifiquement et légalement de ses destinées, et que, pour elle enfin, l'heure des libres initiatives allait sonner.

Ai-je besoin de vous rappeler, Messieurs, quel apaisement se produisit alors dans les esprits, quelles furent nos joies patriotiques, et nos espoirs ! !

Pourquoi a-t-il fallu qu'un déplorable aveuglement, que des influences, inexplicables ou inexpliquées, soient venues faire succéder à cette ère de pacification les angoisses et les agitations présentes ? Quel est donc le mauvais génie qui a remplacé la liberté que nous attendions, par le plébiscite soumis aujourd'hui à vos suffrages et par le régime plébiscitaire que vous êtes appelés à consacrer en même temps ?

Qu'est-ce donc, en effet, Messieurs, que ce plébiscite ?

Qu'est-ce donc que ce régime plébiscitaire, que nos pères n'ont jamais connu, et auquel nos diverses transformations constitutionnelles ne nous avaient jamais préparé ?

Vous aviez été réunis en 1851, — dans des circonstances et à la suite d'événements que je ne veux pas rappeler afin de n'avoir pas à les qualifier, — et vous aviez enregistré par voie plébiscitaire ce que l'on est convenu d'appeler les bases de la Constitution de l'Etat ? Aujourd'hui, l'on vient vous dire que des réformes essentielles et libérales ayant été apportées à quelques-unes de ces bases, il est nécessaire, aux termes du pacte social, de faire consacrer par vous ces modifications. Nous pourrions répondre que ces réformes ne sont autre chose que la restitution des droits souverains, préexistants, éternels, dont vous aviez consenti ou subi l'abandon ; que cette restitution se trouve approuvée d'avance par la nature même des choses aussi bien que par la revendication que vous n'avez cessé de poursuivre, revendication dont les élections générales de 1869 ont été l'éclatante manifestation, de telle sorte, qu'en réalité ces réformes provoquées, poursuivies et imposées par vous, n'ont pas besoin d'être ratifiées :

Nous pourrions ainsi repousser comme surabondant et dérisoire ce respect exagéré de *la lettre* et cette prétendue nécessité que l'on invoque. Mais enfin, s'il ne s'agissait que d'approuver les réformes libérales opérées dans la Constitution depuis 1860, nous aurions pu répondre :

« Oui. Nous les approuvons. Nous ne les trouvons
» pas toutes bien sérieuses ; surtout, nous ne les trou-
» vons pas suffisantes. Mais soit. — Nous disons :
» Oui. »

Mais est-ce là ce qu'on nous demande ? Est-ce bien là tout ce qu'on nous demande ?

Oh ! non. Ce n'est pas tout, ou plutôt, c'est tout autre chose.

On veut que notre *oui*, un seul oui, un seul mot ! car on ne nous en permet qu'*un, un seul* ! contienne et comprenne aussi la ratification du sénatus-consulte du 20 avril 1870 ; c'est-à-dire qu'il nous faut, en même temps, à la fois, prononcer par voie d'amnistie sur les 20 années que nous venons de subir, sur 5 milliards d'emprunts, sur le Mexique, sur Sadowa, sur tout ce que nous avons détesté, combattu et condamné, approuver par voie de ratification monosyllabique le partage du pouvoir législatif que nos représentants n'exerceront plus désormais que concurremment avec les Sénateurs, les délégués du pouvoir exécutif !

Enfin et surtout, il nous faut abandonner au Pouvoir exécutif l'action constituante. De telle sorte que seul, sans contrôle, sans discussion et sans intervention préalables de vos représentants, il pourra prendre l'initiative des réformes administratives — politiques — sociales. « Mais le suffrage universel en sera saisi, » nous répond-on ! Oui ; saisi par le Pouvoir exécutif — à l'heure qu'il aura choisie — dans les termes qu'il aura déterminés, — et la nation devra statuer alors sans discussion, sans études préalables, sans amendement possible ; d'un seul mot — d'un seul, quelque multiples et quelque complexes que soient les questions qu'on lui pose. — Est-ce sérieux ?

Et cependant, c'est ainsi que, sous prétexte d'un incident de situation, on prétend, par une coupable surprise, vous amener à approuver et à accepter ce régime nouveau et étrange, le régime plébiscitaire — à l'aide duquel les réformes libérales que vous approuverez aujourd'hui pourront disparaître demain.

Ah, messieurs, ne nous y trompons pas ! avec une semblable Constitution, la liberté ne serait pas une institution, elle ne serait plus qu'une *expérience*. Une expérience qui cessera le jour où le pouvoir le voudra, le jour où une surprise sera possible. Et ne savons-nous pas qu'en ce pays de généreuses illusions et d'aveugles enthousiasmes il est malheureusement des heures pour toutes les surprises?

Voilà le régime plébiscitaire tel qu'il est.

Ne nous parlez donc plus de gouvernement représentatif, ne nous parlez même plus de gouvernement parlementaire ; tous ces gouvernements de libre et patiente discussion, de libre et persévérant contrôle, de laborieuses initiatives, sont incompatibles, absolument incompatibles avec le régime de l'imprévu que l'on nous propose.

Vous ne pouvez pas vous y tromper d'ailleurs; on vous le dit : « Débarrassez-nous des discussions constitutionnelles, des interpellations..... et Empereur et Ministres s'occuperont d'adoucir le sort.......... »

Et après avoir lu ces déclarations, qui ont le mérite de la franchise, nous vous disons, nous : « On vous » propose de ratifier l'abdication du pays, d'ériger » le coup d'Etat en droit permament et en institution. » Le voulez-vous?

Mais, Messieurs, prenez-y garde! Si vous hésitez

comme nous, si vous protestez comme nous, on vous dénoncera au suffrage universel et on dira de vous :

« Ces gens-là considèrent le peuple comme un im-
» mense troupeau imbécile — qui ne sait ni ce qu'il
» veut, ni ce qu'il dit, et qui est toujours prêt à ré-
» pondre *oui* à tout ce qu'on lui demande. »

Que M. Ollivier me permette de le lui dire, voilà un argument qui n'est ni digne, ni sérieux! J'ai le devoir de le repousser et de le lui renvoyer.

Je professe, Messieurs, pour le suffrage universel un respect et une sympathie sincères. J'ai en lui une confiance profonde — et je le prouve — car j'attends de lui et de lui seul, je crois vous l'avoir déjà dit, un grand bienfait politique et social : — l'organisation pacifique — régulière — normale — de la société moderne — de la société démocratique. Je prétends qu'il faut lui abandonner absolument les destinées du pays — sous la seule forme possible, rationnelle, raisonnable, — sous la forme des délégations diverses, et sous réserve du droit pour tous d'apporter, partout et sur tout, la discussion et la lumière ; par la presse libre, par la tribune libre, par la réunion libre — sans autres entraves pour toutes ces libertés que le droit commun!

Il est donc tout au moins naïf de dire que c'est nous nous qui proclamons l'indignité du suffrage universel. Non pas, vraiment! Mais si grande que soit notre confiance en lui, nous le défions, et nous défions

M. Ollivier lui-même, de répondre en toute sagesse, et d'un seul mot, à trois questions, que la conscience publique prétend résoudre d'une manière différente, en acceptant l'une et en repoussant les autres.

C'est donc, Messieurs, et vous en étiez assurés d'avance, en grand respect que nous nous adressons aujourd'hui au suffrage universel et que nous lui disons :
« Ne vous laissez pas prendre au séduisant mirage de
» cette hypocrite confiance que l'on vous témoigne
» aujourd'hui pour les besoins d'une mauvaise cause.

» Ce n'est pas un droit que l'on vous apporte ;

» C'est votre abdication que l'on vous demande.

» Ne la signez pas ! ! ! »

Pour nous fermer vos esprits et vos cœurs,

On dit :

Aux uns, que nous sommes des réactionnaires et que nous conspirons contre le suffrage universel.

Aux autres, que nous poursuivons de coupables alliances, que nous rêvons les révolutions avec les ennemis de la famille et de la propriété. On osera peut-être dire aussi que nous sommes les complices d'odieux forfaits.....

Vous n'en croirez rien, Messieurs, et vous aurez raison.

Nous prétendons, tout simplement, fonder la paix publique, non, sur les aveugles résistances, mais sur une base inébranlable, l'apaisement et l'assentiment de tous.

Nous prétendons sauvegarder, plus sûrement que bien d'autres, les droits de la famille et de la propriété, sans les solidariser, aussi aveuglement, aussi imprudemment que vous, avec ceux de la Couronne.

Nous n'aimons aucune espèce de socialisme, pas même le socialisme césarien.

Mais les *Non* des partis extrêmes ne nous effraient pas plus que les *Oui* des Arcadiens ne nous attirent.

Nous savons, en effet, que les questions mal posées ont pour conséquence première et inévitable de créer aux partis des situations factices et passagères, dont les esprits superficiels peuvent seuls s'effrayer, car, en réalité, on n'en saurait rien conclure ; rien, sinon que ces phénomènes-ne-se produisent que lorsque le gouvernement a commis une de ces fautes capitales qui réunissent tous les partis dans un accord forcé et commun, et que nous sommes en présence de l'une de ces fautes.

Mais il est une formule nette et précise qui est devenue en France l'aspiration générale : C'EST LA LIBERTÉ :

Nous ne servons qu'elle ; nous ne croyons qu'à elle ; et ceux qui sont avec elle ; ceux-là aussi sont avec nous.

Les *Non* que nous déposerons dans l'urne, Messieurs, ne seront donc ni le prétexte ni l'occasion de nouvelles révolutions ou de regrettables conflits.

Ils seront pour le pouvoir ce qu'ils doivent être et ce que nous voulons qu'ils soient, un utile enseignement. — Eclairé ainsi sur vos volontés inflexibles, il ne vous disputera pas plus longtemps ce qui est votre droit : LE GOUVERNEMENT DU PAYS PAR LE PAYS.

C'est ce que nous demandons.

Rien de plus ! Rien de moins !

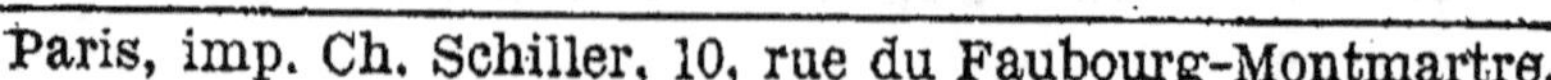

Paris, imp. Ch. Schiller, 10, rue du Faubourg-Montmartre.